Copyright © 2020 by BRAIN RIVER PUBLISHERS

All rights reserved. No part of this publication may be reproduced, distributed, or transmitted in any form or by any means, including photocopying, recording, or other electronic or mechanical methods, without the prior written permission of the publisher, except in the case of brief quotations embodied in critical reviews and certain other noncommercial uses permitted by copyright law.

A SPECIAL REQUEST

Hey there! Thank you so much for you purchase.
As you know we put a lot of work in the making of such books.
So you could leave us a review on Amazon, we would really appreciate that.

BRAIN RIVER PUBLISHERS

Puzzle #1
HARD

				3		4		
	6	3		9				
4		8		2				1
		4					8	2
			7		5			
				1		9	7	
				9				
	1						5	
3						1	6	

Puzzle #2
HARD

			6		3	8		
		1		7				
9						1		2
	5			9				
4				8		6		
					6			
6		8	9		7	3		
	3				2		9	
					8		5	

Puzzle #3
HARD

8		7	6				1	
		3	4				7	
				8				6
				1	2			8
7								5
	5					2	3	
			1					4
					5		2	
2					3			

Puzzle #4

HARD

					3			
3					8		4	1
	5	7		9			6	
					5	3		
							4	2
	2							7
				7		6		
7			9					
1			2			5		4

Puzzle #5
HARD

			4	1		2	7	
6							9	
		5						1
	1					8		7
		9					4	
		6		9				
		8		2	9			
	9	4			8		6	
			5					

Puzzle #6
HARD

				6	7	8		
	2		8					3
						4	1	
						1	7	8
1			6			9		
	9		7		5		4	
	7			4			6	2
2						5		
	1		5					

Puzzle #7
HARD

9		5		2		3		
	3	2		8	4	7	6	5
6	7				5			
			7	4			1	6
		1				8	3	
	2			6	3			9
	1	3						4
		6	5	9				
5	9	8				6		

Puzzle #8
HARD

					5			
7				2			6	
4	2					1		
	6			7			2	1
							9	
			3		4			6
			4		2			8
	3	4		6		9		
2				5	3			

Puzzle #9

HARD

		5				8		9
			7					6
6	7	8	3				5	
3			5		4			
	6				2		8	
8			9				2	
4						1		
				7				2
					9			

Puzzle #10
HARD

5				3				
	2	9			1			
		8	4			6		7
7					6	3		4
9								
			3	5		1		
	3				8			9
							6	
1		7	9	4				

Puzzle #11
HARD

								5
	3						8	4
1			9		2			
6			1					
			4	8		6		
7					6			
					9			
3			2					1
9	6		3			2	7	

Puzzle #12
HARD

		3	2				8	5
					3			
1					8	7		6
						9	2	
4		8						1
	9	7	8					
			7	4		3		
6						1		
				6				

Puzzle #13

HARD

	4		1				3	
2							4	6
		5		7				
	9			6				1
	8		5					
	3			9		8		
		7				1		9
							8	4
			6	5				

Puzzle #14
HARD

				3		4	2	
		1					8	7
		8			2	1		6
		5			6		9	
	6		4	1				
3			5					
	8		6		1			
		9		2			6	7

Puzzle #15

HARD

				9			5	
1								
			5	8				
8								4
		9				5		1
	4							3
		6		5	7		9	
	8	2	9			1		
7		3						
			4	2		3		

Puzzle #16
HARD

2						7	9	
4				9				3
	5	1	3					
		3						6
					8		7	
	4			7			8	
								1
		5			2	8	4	
7	1		6					

Puzzle #17
HARD

		3					2		
7					8			
				4		5	8	
	9				3			4
				2				
		8	1	4			6	
				9		7		
2					7			
3						8	4	1

Puzzle #18
HARD

			7					5
8	4					6		
	7	9	8	1			3	
		6	9					
4	8						1	
		2	6			5	4	
			2	6				4
2			1	8	4			

Puzzle #19
HARD

4	8							
		9					6	
6		3	2	9				
	1					4	2	
	5		6				9	8
					4			
		5	1	6				2
7					8		4	
	6			3				

Puzzle #20
HARD

		3		9				1
6			8				3	
7				2		4	5	
	9	4			2			
8		7		5				
			3				7	
	5						4	
							1	9
2					1	5		

Puzzle #21
HARD

	3	4	1	8	7			
								5
	2		6				8	
1					5			
7					6	1		
	8					5		6
	5	2	4					
6		9				7	2	

Puzzle #22
HARD

4		3						
			1	7				
						5		9
			4	5		9		
			2	1				8
	6	5				7		
8					2			
		7					1	
6	3	2	8					

Puzzle #23
HARD

				1	7			4
			9				3	8
1		6		5				
			3			8		
			5	2			9	
	7	4			9			6
				4		7		
	2	7						
		8					1	

Puzzle #24
HARD

		2					9	5
			8				3	
5			4	1				2
	2	7						4
		9						
		1		7		8	5	
1								
				6			2	
				9				6

Puzzle #25
HARD

		6		9		2		7
2	1			6				
4							5	
	3	9		5	1		7	
		5				6		9
			2		9		8	4
5		1		8				

Puzzle #26

HARD

7				9		1	5	
4			2					
		2	7	6		9		
		4						
	8						7	
	6					8	2	4
	1		9					8
					5			9
	2		6		8	5		

Puzzle #27
HARD

		5					6	3
		2		1				
3						8		
						7		
	6						1	2
		8		2		9	5	
4				5			9	
	5		2	9				
1			4		3	6		

Puzzle #28
HARD

					8		5	
				4	1			
2			9				8	1
				2			6	
						4		2
7	1					3		
	9			1	3			
		1						
	6	4	5			9		

Puzzle #29
HARD

		8				6	3	1
7				2				
			6					
		2	9		1			
		3					7	5
			8					
9				5			6	
	7	1						4
			3			9		

Puzzle #30

HARD

		5			1			
3						5		
7	6		4					
	7			8	9			
2			1			3	5	
	5		3				4	
				9			2	
								7
1	8				5	9		

Puzzle #31
HARD

	2			7				
					5			9
		9	6		3			
2	3	1						
6					7	1		
							6	
	4		8				3	1
	7		5					8
	6	3		4				2

Puzzle #32
HARD

			1	3			8	
		5				3		7
		9		6	7			
3	1					2		
		2		9		8		
					3			
					8		9	
	4				2	1		
9		8		5		6		

Puzzle #33

HARD

			9		8			
	8		2					
	7			1			4	
8	2	1		5				6
	3			4			7	
					3			8
		5						9
			7		2		3	

Puzzle #34
HARD

					1	8		5
		3	4					7
8				2				
1	7		8					
						1	4	
		2						3
	6			5		3		
2			1	7				
			9		4			

Puzzle #35

HARD

9			5					
					7	4		3
	7		6					9
		2	1		6			4
6	8							
							2	
1					4		5	
	9				8			1
		4				8	3	

Puzzle #36
HARD

	2							
		8	9				6	
							7	1
	5						8	9
		2			5			
	4		1				3	
			8				9	
	3	7		6				5
2	6		3					

Puzzle #37
HARD

9								
	5	2					8	
	4	7		2				9
			5					7
8					1	9		
					3	2	4	
				7			1	6
	7		1	5		4		
		4	6					

Puzzle #38
HARD

		5				1	4	
	2			4			6	9
9				1				7
						5		
				2			1	
	7	1		3				
8								4
				6		7		
		4			5		3	

Puzzle #39
HARD

		8					2	
				6			5	7
			8					
6				5			8	
	2					9	3	
		9	2					
8			4			1		
	3	5			6			
7		2			9			

Puzzle #40
HARD

7		8	2					
			4			5		2
					3	8		9
		6		9				
9	1			7				
			6		4			
8	2	1		6		4		
		3			8			
	4					3	6	

Puzzle #41

HARD

	6						2	
8						6	7	
	5	3						8
7	1				5			2
	8				9			
		6				3		
		9		2	8			6
					4		8	
	3		6					5

Puzzle #42

HARD

		3				9		
			8	3			5	
4						1	8	
	5				8			7
			7	4			2	
				1			3	
3			4	7				
8		7			9			
	4					6		

Puzzle #43
HARD

	6		5					7
			4	2				
		1		6				
4	2			5			3	
	7	9				6		
1						8	4	
	4		3				8	
3			7		1	5		

Puzzle #44

HARD

6					2			
		5		3			1	
		2		4				
	3		4		7			
4	8				1		9	
	1		3					7
					6		9	
				2			8	
		6		7				3

Puzzle #45
HARD

2								1
	1						8	5
					9			
		8	3			1	6	
5				4	8			
		4			6		5	
				2		7		3
8	4						9	
		5						

Puzzle #46

HARD

		8			5			
		4	7				6	
			6			4		
7						3	8	
1			4		9			
				6				1
							3	
	8				2		7	5
6	2						9	

Puzzle #47
HARD

		1		2	9		6	
						2		9
5	2		6	7		3		
7		4		8	1	6	3	
1				9	5	4		
			3		6	9	7	
	8		9				4	3
	3	2	1		7			
	1			3		7		

Puzzle #48
HARD

	5		2			9	1	
	8	1	9	3				6
6						5		
			3	9		2		
					7			
9				8			3	
	1		6					
	9	5				6		4
							2	1

Puzzle #49

HARD

8							1	6
5	4	7						
				6				5
	3			8				9
2				7	1			
	6				3		2	
4				5				
1					2			6

Puzzle #50

HARD

		5		8		1		
6	7		4		5			
	5		7	9				
	2			3			8	
					6			4
		8		6		5		2
		9		4			3	
			2					

Puzzle #51

HARD

1		3					8	
				5				
	6				8	9		
						7		
				9		1	4	
	2	8					5	
	9			6			7	
3	1	2		5				9
		5	8					1

Puzzle #52
HARD

	4	8						
1		5		3		9		
	6							4
		3			6			1
6				2			3	
				4				
				6	1			2
2				5		8		
5	7				3		9	

Puzzle #53
HARD

2		9			3			
		3	6		9	5		
								7
								1
		1				9	8	5
	3		1					
		4	3	7				
		6			8			
	9				5		4	

Puzzle #54

HARD

1			2	3		6		
				8		4		3
			4		1			
	4	7	3					
6	8		9					
				4				2
4	3						2	5
	6					1		
		5						8

Puzzle #55
HARD

			8	9			5	
3								
	8	7		1	3			2
7	9						8	
6				3		1		
2								9
				4				8
					2		7	
	3		1	6			9	

Puzzle #56
HARD

	5						3	6
		8	1		2		7	
3								
	6	1	3					
9		7	8	2			1	
						7	9	
			2	4				8
2	4			8				9

Puzzle #57

HARD

	8			7		9	6	
								5
	7			2				1
	5		8	3				9
	1		4			5		
3	9	8				1		
	3							
7				8	2			
					6		1	4

Puzzle #58
HARD

	3							5
4					6		3	9
			7					
8				9			1	
					2	5		
	2	1			7			
9		8						
			6	1			8	
		6	2	4				

Puzzle #59
HARD

		2			6	7		
	3		1					2
9				3			6	
		9		2				
				5			9	1
	7						5	
8			7			1		
				1			8	6
6				9			7	

Puzzle #60
HARD

	9		7	6			3	
						9		1
	2			5			4	
					1			8
	4					3	7	
2	6							4
	4		3	6				
				2		1		
	5			8		2		

Puzzle #61
HARD

				2				
1		7						2
					8	6	4	
						2	6	3
2		8				5		4
	5	1		3				
5	2			7				
4		6	9					
		9		6	5			

Puzzle #62
HARD

			9	5			1	8
		7	4		8			
						9		
						8	3	2
				6				
	2	1	7	3			5	
	5			4				
1		2	9			3		
3	7							

Puzzle #63
HARD

			5		7	4		
7	5				2			
		9			3	6		
				7				
		6	3					
9	2				1			
	1	3					2	
				4			6	
		2				9		8

Puzzle #64
HARD

		4	1		5			8
	9	2		7	8			
	8							
						6	3	
								1
		7		5			2	
					9		8	
	2	1		6		4		9
6				4		2		

Puzzle #65

HARD

7					4			
4		9		8				
			3	5				6
		1						
			5					2
	4		9		3		1	
				6			3	7
9		8		2			6	
		4						

Puzzle #66
HARD

								3
	1	2		9	5			7
	7		4	6				
	2	9		5		3		
	8			7			9	5
			6			8		2
			9					
	4		2					8
1		7			6			

Puzzle #67

HARD

8			7		3			
			5	8				
		5		2				
	3				9			6
1		8				3		
		2						5
		6		1		7	9	2
				4	2			
9			6					8

Puzzle #68
HARD

			2	5	3	4		
	2					1		3
				7			9	
		4			8		7	5
1					5	8		
3				6			4	
			6					
8							6	4
					9	2		

Puzzle #69
HARD

9		6						7
			4			2		3
3				5				
4	5					3		
		7				8		
	6							2
		3	7					9
			5	9				1
2			6		8			

Puzzle #70
HARD

			4	3	9			
			9				8	
	1		6					5
3	4				6		5	
		1			8			9
	7					2		4
8					2		7	
4				1				
			7					

Puzzle #71
HARD

1			4					
		5	7	6		4	3	
							7	
3					5	8		2
				9				
2	1		6					
		8			6			7
								1
					7	3	2	5

Puzzle #72
HARD

	2	1	4					
		5					9	
3					1	8		
				3	9			6
6			8	1		7		
	1			6				
5				7		4		
	6		2					8
	7	3						

Puzzle #73
HARD

9	3			4	6			
4		2						
					7			8
	1			5		3		
8			3				2	
							9	4
			7			1		
			5		4		9	
3			1		8			

Puzzle #74

HARD

			6					2
		3	1				7	
				3				
9	4					2	6	
	5							4
		1		4		9		5
			2	7				
	7			1		5		
4				5				8

Puzzle #75
HARD

	5			6	9	7		
		4		3			1	
				7		5	4	
8	1		6					4
6							8	
	9			5	2			
9						8		5
					1	3	2	

Puzzle #76

HARD

8				5				
		2					4	1
	4		3					6
	8		5		1	4		
		1				9		
	3			7		8		
2							5	
	9	5		6				
6	7							9

Puzzle #77
HARD

					6	7		1
		5				3		4
8	9						6	
		2			8	1		
				5				
4			3	1				
				2			1	
	8					5		6
	6			8	5		2	

Puzzle #78
HARD

	3		9	1				
5	6					3		
	8		6					4
								1
9		6		2			5	
				3	6	9		
2								7
	9						8	
		8				6		

Puzzle #79
HARD

		8		9		6		
	9				3	4		2
7					4		3	
4						1		5
					8			
				3			7	4
5	7						1	
		9			5			
	2		6					

Puzzle #80
HARD

		9					6	8
	4				8			7
	5		2			3		
	6				2	1		
			4					
			9				3	5
4			3				7	
	1						2	
	8		5					4

Puzzle #81
HARD

			9				6	2
8			5					
		7		4		8		
6								4
	5			3			2	
		3						
	1			9		3		
4			2	8				
		5					4	1

Puzzle #82
HARD

3				1			4	
						8	7	9
		9			5	1		
	8		7		9		6	4
		3			4			1
	2	5	6			7		
8								
	6		3					2

Puzzle #83

HARD

5					1	7	2	
	1			2				
9				7	3			8
		7	4					
	9	8					6	
					2			
		5						
	3					5		1
		4	9		7			3

Puzzle #84
HARD

		7					5	
8		1	3					9
	9	4	6				2	
4		8		2			1	
						6		5
	3		1				8	
			9			5		
6			8					2
				3				

Puzzle #85
HARD

			7	6		5		
1	9	6		5				
8								
			2	9		7	4	
					6			9
	8	3					6	
	6			4			7	
				2				
7	3	8	9					

Puzzle #86
HARD

3								
8				3				2
	6					5		
				1	4			
2	7	9						4
			6					3
	4	3		9		2		
9		2		5			8	
				2	1			

Puzzle #87
HARD

		9					5	
	8				1		7	
						1		
				6		3		
	7		8					
		4		3			1	2
		7	4					6
	1	3			8			
5	2				7			

Puzzle #88

HARD

	5						8	9
				3			2	
8			2					
7		1				2		
		5	4	6		7		
			3					
4								
	8	2					7	5
	9			4		3		

Puzzle #89
HARD

		6		3		5		
9								2
	5				7		8	
	3		5				2	7
				7		6		
		7		9		3		
							1	
				8		4		9
		1		6	5		3	

Puzzle #90

HARD

9				3			8	
	8	5					2	
6			7	2		1		
				4		5		
	4			6				
1		8	2				6	
							4	
					1			3
		2		9	6			

Puzzle #91
HARD

				6				
		8	7					
6		2		8	3			1
			4	1			9	
	7		2				5	
	5			3				2
	2		9	5				
		6					8	
3				4				7

Puzzle #92
HARD

		9	5				8	
				3		1		
	1			6		9		
	5							
	9		7				2	4
				5				3
			8					
9					6		5	8
3	2			1		6		

Puzzle #93
HARD

	7			6				4
				3	2			
2							7	9
4		7				6		3
				2				
	3				8		5	
	4	8						
		5		1	3			7
			6				3	8

Puzzle #94
HARD

		6			8	2		
	8			1			4	
		2	4					
				9	3			
			2					
	1	4				3		
	3	5					1	6
				7	1			9
6			3			8		

Puzzle #95
HARD

			6		4			5
	1			5			3	
					3			
			9		6			
				7			8	
7	6		2		5			
5					2			1
8	3		7					
	7	4						2

Puzzle #96

HARD

7		2		1				
9	1			4				
					8			
			5			1		
	9						7	
6	5				7			8
4			2					
			1			6		
				9	5	3	2	7

Puzzle #97
HARD

					3	2	6	
	6		4	5				8
				6				
	1							
	5			1		4		7
		9	6		5			
5					2	9		
1	4						3	
				8				1

Puzzle #98
HARD

	3	7					8	
							4	9
					6			3
2							7	1
			7	9				4
5		1	2				6	
				5	9			
		5		7				
		9	1					2

Puzzle #99

HARD

6							7	3
		3			1			
	5	8					4	
4	2			9	7	8		
			8					1
					4		9	
							5	7
	9		4		8			
			1	3				

Puzzle #100
HARD

			6			2		
8	3	9						
7				4				
	7			5				9
						8	1	
	6	4	8				5	
6					7		2	1
		7	3	9				
					5		3	

Puzzle # 1

2	5	1	6	3	8	4	9	7
7	6	3	4	9	1	8	2	5
4	9	8	5	2	7	6	3	1
1	7	4	9	6	3	5	8	2
6	2	9	7	8	5	3	1	4
8	3	5	2	1	4	9	7	6
5	8	6	1	7	9	2	4	3
9	1	2	3	4	6	7	5	8
3	4	7	8	5	2	1	6	9

Puzzle # 2

5	2	4	6	1	3	8	7	9
8	6	1	2	7	9	5	4	3
9	7	3	8	4	5	1	6	2
1	5	6	3	9	4	2	8	7
4	9	2	7	8	1	6	3	5
3	8	7	5	2	6	9	1	4
6	4	8	9	5	7	3	2	1
7	3	5	1	6	2	4	9	8
2	1	9	4	3	8	7	5	6

Puzzle # 3

8	4	7	6	3	9	5	1	2
6	2	3	4	5	1	8	7	9
5	9	1	2	8	7	3	4	6
4	3	6	5	1	2	7	9	8
7	1	2	3	9	8	4	6	5
9	5	8	7	6	4	2	3	1
3	7	5	1	2	6	9	8	4
1	8	4	9	7	5	6	2	3
2	6	9	8	4	3	1	5	7

Puzzle # 4

6	1	8	7	4	3	9	5	2
3	9	2	5	6	8	7	4	1
4	5	7	1	9	2	8	6	3
8	7	1	4	2	5	3	9	6
9	6	3	8	1	7	4	2	5
5	2	4	6	3	9	1	8	7
2	8	5	3	7	4	6	1	9
7	4	6	9	5	1	2	3	8
1	3	9	2	8	6	5	7	4

Puzzle # 5

9	8	3	4	1	5	2	7	6
6	4	1	2	7	3	9	5	8
7	2	5	9	8	6	4	3	1
5	1	2	3	6	4	8	9	7
8	7	9	1	5	2	6	4	3
4	3	6	8	9	7	1	2	5
3	5	8	6	2	9	7	1	4
1	9	4	7	3	8	5	6	2
2	6	7	5	4	1	3	8	9

Puzzle # 6

4	3	5	1	6	7	8	2	9
7	2	1	8	9	4	6	5	3
9	8	6	2	5	3	4	1	7
6	5	2	4	3	9	1	7	8
1	4	7	6	8	2	9	3	5
8	9	3	7	1	5	2	4	6
5	7	8	9	4	1	3	6	2
2	6	4	3	7	8	5	9	1
3	1	9	5	2	6	7	8	4

Puzzle # 7

9	8	5	6	2	7	3	4	1
1	3	2	9	8	4	7	6	5
6	7	4	3	1	5	9	2	8
3	5	9	7	4	8	2	1	6
4	6	1	2	5	9	8	3	7
8	2	7	1	6	3	4	5	9
2	1	3	8	7	6	5	9	4
7	4	6	5	9	2	1	8	3
5	9	8	4	3	1	6	7	2

Puzzle # 8

3	8	1	6	4	5	2	7	9
7	5	9	8	2	1	3	6	4
4	2	6	9	3	7	1	8	5
8	6	3	5	7	9	4	2	1
1	4	5	2	8	6	7	9	3
9	7	2	3	1	4	8	5	6
6	1	7	4	9	2	5	3	8
5	3	4	7	6	8	9	1	2
2	9	8	1	5	3	6	4	7

Puzzle # 9

1	3	5	2	4	6	8	7	9
2	4	9	7	5	8	3	1	6
6	7	8	3	9	1	2	5	4
3	9	2	5	8	4	7	6	1
7	6	4	1	3	2	9	8	5
8	5	1	9	6	7	4	2	3
4	8	3	6	2	5	1	9	7
9	1	6	8	7	3	5	4	2
5	2	7	4	1	9	6	3	8

Puzzle # 10

5	7	6	8	3	2	9	4	1
4	2	9	6	7	1	8	3	5
3	1	8	4	9	5	6	2	7
7	5	1	2	8	6	3	9	4
9	8	3	7	1	4	2	5	6
6	4	2	3	5	9	1	7	8
2	3	4	5	6	8	7	1	9
8	9	5	1	2	7	4	6	3
1	6	7	9	4	3	5	8	2

Puzzle # 11

4	7	6	8	3	1	9	2	5
2	3	9	6	7	5	8	1	4
1	8	5	9	4	2	7	6	3
6	9	8	1	2	3	5	4	7
5	1	2	4	8	7	6	3	9
7	4	3	5	9	6	1	8	2
8	2	4	7	1	9	3	5	6
3	5	7	2	6	8	4	9	1
9	6	1	3	5	4	2	7	8

Puzzle # 12

9	6	3	2	1	7	4	8	5
8	7	4	6	5	3	2	1	9
1	2	5	4	9	8	7	3	6
3	1	6	5	7	4	9	2	8
4	5	8	9	3	2	6	7	1
2	9	7	8	6	1	5	4	3
5	8	1	7	4	9	3	6	2
6	4	2	3	8	5	1	9	7
7	3	9	1	2	6	8	5	4

Puzzle # 13

7	4	9	1	8	6	2	3	5
2	8	1	9	3	5	7	4	6
3	6	5	2	7	4	9	1	8
5	9	2	8	6	3	4	7	1
4	7	8	5	2	1	6	9	3
1	3	6	4	9	7	8	5	2
8	5	7	3	4	2	1	6	9
6	2	3	7	1	9	5	8	4
9	1	4	6	5	8	3	2	7

Puzzle # 14

6	5	7	1	3	8	4	2	9
2	3	1	9	6	4	8	7	5
4	9	8	7	5	2	1	3	6
7	1	5	2	8	6	3	9	4
8	2	4	3	9	7	6	5	1
9	6	3	4	1	5	7	8	2
3	7	6	5	4	9	2	1	8
5	8	2	6	7	1	9	4	3
1	4	9	8	2	3	5	6	7

Puzzle # 15

1	3	7	6	9	4	8	5	2
9	2	4	5	8	1	7	3	6
8	6	5	7	3	2	9	1	4
3	7	9	8	4	6	5	2	1
5	4	8	2	1	9	6	7	3
2	1	6	3	5	7	4	9	8
4	8	2	9	7	3	1	6	5
7	5	3	1	6	8	2	4	9
6	9	1	4	2	5	3	8	7

Puzzle # 16

2	3	8	4	1	6	7	9	5
4	6	7	8	9	5	2	1	3
9	5	1	3	2	7	4	6	8
8	7	3	2	4	1	9	5	6
1	2	9	5	6	8	3	7	4
5	4	6	9	7	3	1	8	2
3	8	4	7	5	9	6	2	1
6	9	5	1	3	2	8	4	7
7	1	2	6	8	4	5	3	9

Puzzle # 17

4	8	3	9	7	5	2	1	6
7	2	5	1	6	8	4	3	9
9	6	1	3	4	2	5	8	7
6	9	2	5	8	3	1	7	4
1	4	7	6	2	9	3	5	8
5	3	8	7	1	4	9	6	2
8	5	6	4	9	1	7	2	3
2	1	4	8	3	7	6	9	5
3	7	9	2	5	6	8	4	1

Puzzle # 18

3	2	1	4	7	6	8	9	5
8	4	5	3	2	9	6	7	1
6	7	9	8	1	5	4	3	2
5	1	6	9	4	8	7	2	3
4	8	3	7	5	2	9	1	6
7	9	2	6	3	1	5	4	8
9	3	8	2	6	7	1	5	4
1	6	4	5	9	3	2	8	7
2	5	7	1	8	4	3	6	9

Puzzle # 19

4	8	1	3	7	6	2	5	9
5	2	9	8	4	1	3	6	7
6	7	3	2	9	5	1	8	4
3	1	7	5	8	9	4	2	6
2	5	4	6	1	3	7	9	8
8	9	6	7	2	4	5	1	3
9	4	5	1	6	7	8	3	2
7	3	2	9	5	8	6	4	1
1	6	8	4	3	2	9	7	5

Puzzle # 20

5	8	3	4	9	7	6	2	1
6	4	2	8	1	5	9	3	7
7	1	9	6	2	3	4	5	8
3	9	4	7	8	2	1	6	5
8	6	7	1	5	4	3	9	2
1	2	5	3	6	9	8	7	4
9	5	1	2	3	8	7	4	6
4	3	8	5	7	6	2	1	9
2	7	6	9	4	1	5	8	3

Puzzle # 21

5	3	4	1	8	7	2	6	9
8	6	1	9	4	2	3	7	5
9	2	7	6	5	3	4	8	1
1	9	6	3	2	5	8	4	7
7	4	5	8	9	6	1	3	2
2	8	3	7	1	4	5	9	6
4	7	8	2	6	1	9	5	3
3	5	2	4	7	9	6	1	8
6	1	9	5	3	8	7	2	4

Puzzle # 22

4	2	3	5	6	9	1	8	7
5	8	9	1	7	4	2	6	3
7	1	6	3	2	8	5	4	9
2	7	8	4	5	6	9	3	1
3	9	4	2	1	7	6	5	8
1	6	5	9	8	3	7	2	4
8	5	1	7	4	2	3	9	6
9	4	7	6	3	5	8	1	2
6	3	2	8	9	1	4	7	5

Puzzle # 23

2	9	3	8	1	7	6	5	4
7	4	5	9	6	2	1	3	8
1	8	6	4	5	3	2	7	9
9	5	2	3	7	6	8	4	1
8	6	1	5	2	4	3	9	7
3	7	4	1	8	9	5	2	6
5	1	9	2	4	8	7	6	3
4	2	7	6	3	1	9	8	5
6	3	8	7	9	5	4	1	2

Puzzle # 24

4	8	2	7	6	3	1	9	5
9	1	6	8	2	5	4	3	7
5	7	3	4	1	9	6	8	2
3	2	7	1	5	8	9	6	4
8	5	9	3	4	6	2	7	1
6	4	1	9	7	2	8	5	3
1	6	5	2	8	7	3	4	9
7	9	4	6	3	1	5	2	8
2	3	8	5	9	4	7	1	6

Puzzle # 25

3	5	6	8	9	4	2	1	7
2	1	7	5	6	3	4	9	8
4	9	8	1	2	7	3	5	6
6	3	9	4	5	1	8	7	2
1	7	5	3	8	2	6	4	9
8	4	2	9	7	6	1	3	5
7	6	3	2	1	9	5	8	4
9	8	4	6	3	5	7	2	1
5	2	1	7	4	8	9	6	3

Puzzle # 26

7	3	6	8	9	4	1	5	2
4	9	1	2	5	3	7	8	6
8	5	2	7	6	1	9	4	3
2	7	4	5	8	6	3	9	1
1	8	3	4	2	9	6	7	5
9	6	5	3	1	7	8	2	4
5	1	7	9	3	2	4	6	8
6	4	8	1	7	5	2	3	9
3	2	9	6	4	8	5	1	7

Puzzle # 27

9	8	5	7	4	2	1	6	3
6	4	2	3	1	8	5	7	9
3	1	7	5	6	9	8	2	4
2	9	1	6	3	5	7	4	8
5	6	4	9	8	7	3	1	2
7	3	8	1	2	4	9	5	6
4	7	3	8	5	6	2	9	1
8	5	6	2	9	1	4	3	7
1	2	9	4	7	3	6	8	5

Puzzle # 28

1	7	9	3	6	8	2	5	4
6	5	8	2	4	1	7	3	9
2	4	3	9	5	7	6	8	1
4	3	5	7	2	9	1	6	8
9	8	6	1	3	5	4	7	2
7	1	2	6	8	4	3	9	5
5	9	7	4	1	3	8	2	6
3	2	1	8	9	6	5	4	7
8	6	4	5	7	2	9	1	3

Puzzle # 29

5	2	8	7	4	9	6	3	1
7	1	6	5	2	3	4	9	8
4	3	9	6	1	8	7	5	2
8	5	2	9	7	1	3	4	6
1	9	3	4	6	2	8	7	5
6	4	7	8	3	5	1	2	9
9	8	4	1	5	7	2	6	3
3	7	1	2	9	6	5	8	4
2	6	5	3	8	4	9	1	7

Puzzle # 30

9	2	5	6	7	1	4	8	3
3	1	4	9	2	8	5	7	6
7	6	8	4	5	3	2	9	1
4	7	3	5	8	9	6	1	2
2	9	6	1	4	7	3	5	8
8	5	1	3	6	2	7	4	9
6	3	7	8	9	4	1	2	5
5	4	9	2	1	6	8	3	7
1	8	2	7	3	5	9	6	4

Puzzle # 31

3	2	8	9	7	4	5	1	6
4	1	6	2	8	5	3	7	9
7	5	9	6	1	3	2	8	4
2	3	1	4	5	6	8	9	7
6	8	4	3	9	7	1	2	5
5	9	7	1	2	8	6	4	3
9	4	5	8	6	2	7	3	1
1	7	2	5	3	9	4	6	8
8	6	3	7	4	1	9	5	2

Puzzle # 32

7	6	4	1	3	5	9	8	2
1	8	5	4	2	9	3	6	7
2	3	9	8	6	7	4	1	5
3	1	6	5	8	4	2	7	9
4	5	2	7	9	6	8	3	1
8	9	7	2	1	3	5	4	6
5	2	1	6	4	8	7	9	3
6	4	3	9	7	2	1	5	8
9	7	8	3	5	1	6	2	4

Puzzle # 33

1	5	4	9	3	8	2	6	7
6	8	3	2	7	4	9	5	1
2	7	9	6	1	5	8	4	3
8	2	1	3	5	7	4	9	6
5	3	6	8	4	9	1	7	2
4	9	7	1	2	6	3	8	5
7	4	2	5	9	3	6	1	8
3	6	5	4	8	1	7	2	9
9	1	8	7	6	2	5	3	4

Puzzle # 34

6	4	7	3	9	1	8	2	5
9	2	3	4	8	5	6	1	7
8	5	1	6	2	7	4	3	9
1	7	6	8	4	3	9	5	2
3	9	5	7	6	2	1	4	8
4	8	2	5	1	9	7	6	3
7	6	4	2	5	8	3	9	1
2	3	9	1	7	6	5	8	4
5	1	8	9	3	4	2	7	6

Puzzle # 35

9	4	6	5	3	1	2	7	8
2	1	5	9	8	7	4	6	3
8	7	3	6	4	2	5	1	9
7	5	2	1	9	6	3	8	4
6	8	1	4	2	3	7	9	5
4	3	9	8	7	5	1	2	6
1	2	8	3	6	4	9	5	7
3	9	7	2	5	8	6	4	1
5	6	4	7	1	9	8	3	2

Puzzle # 36

1	2	4	6	7	3	9	5	8
5	7	8	9	1	4	6	2	3
6	9	3	5	8	2	4	7	1
3	5	1	2	4	6	7	8	9
9	8	2	7	3	5	1	6	4
7	4	6	1	9	8	5	3	2
4	1	5	8	2	7	3	9	6
8	3	7	4	6	9	2	1	5
2	6	9	3	5	1	8	4	7

Puzzle # 37

9	3	8	4	1	5	6	7	2
6	5	2	3	9	7	1	8	4
1	4	7	8	2	6	3	5	9
4	9	1	5	6	2	8	3	7
8	2	3	7	4	1	9	6	5
7	6	5	9	8	3	2	4	1
3	8	9	2	7	4	5	1	6
2	7	6	1	5	8	4	9	3
5	1	4	6	3	9	7	2	8

Puzzle # 38

3	8	5	7	6	9	1	4	2
1	2	7	5	4	8	3	6	9
9	4	6	3	1	2	8	5	7
4	3	2	9	8	1	5	7	6
6	9	8	2	5	7	4	1	3
5	7	1	4	3	6	2	9	8
8	5	9	1	7	3	6	2	4
2	1	3	6	9	4	7	8	5
7	6	4	8	2	5	9	3	1

Puzzle # 39

1	6	8	5	9	7	3	2	4
9	4	3	1	6	2	8	5	7
2	5	7	8	3	4	6	1	9
6	7	1	9	5	3	4	8	2
5	2	4	6	7	8	9	3	1
3	8	9	2	4	1	7	6	5
8	9	6	4	2	5	1	7	3
4	3	5	7	1	6	2	9	8
7	1	2	3	8	9	5	4	6

Puzzle # 40

7	5	8	2	1	9	6	4	3
1	3	9	4	8	6	5	7	2
4	6	2	7	5	3	8	1	9
3	8	6	1	9	2	7	5	4
9	1	4	8	7	5	2	3	6
2	7	5	6	3	4	9	8	1
8	2	1	3	6	7	4	9	5
6	9	3	5	4	8	1	2	7
5	4	7	9	2	1	3	6	8

Puzzle # 41

4	6	7	8	1	3	5	2	9
8	9	1	4	5	2	6	7	3
2	5	3	9	7	6	4	1	8
7	1	4	3	6	5	8	9	2
3	8	5	2	4	9	1	6	7
9	2	6	7	8	1	3	5	4
5	4	9	1	2	8	7	3	6
6	7	2	5	3	4	9	8	1
1	3	8	6	9	7	2	4	5

Puzzle # 42

5	8	3	1	2	7	9	6	4
6	1	9	8	3	4	7	5	2
4	7	2	9	6	5	1	8	3
2	5	6	3	9	8	4	1	7
1	3	8	7	4	6	5	2	9
7	9	4	5	1	2	8	3	6
3	6	5	4	7	1	2	9	8
8	2	7	6	5	9	3	4	1
9	4	1	2	8	3	6	7	5

Puzzle # 43

2	6	4	5	1	8	3	9	7
9	8	3	4	2	7	1	5	6
7	5	1	9	6	3	4	2	8
4	2	8	1	5	6	7	3	9
5	7	9	8	3	4	6	1	2
1	3	6	2	7	9	8	4	5
8	1	5	6	4	2	9	7	3
6	4	7	3	9	5	2	8	1
3	9	2	7	8	1	5	6	4

Puzzle # 44

6	4	1	7	8	2	3	5	9
8	7	5	6	3	9	2	1	4
3	9	2	1	4	5	7	6	8
2	3	6	4	9	7	1	8	5
4	8	7	5	6	1	9	3	2
5	1	9	3	2	8	6	4	7
7	2	3	8	5	6	4	9	1
9	5	4	2	1	3	8	7	6
1	6	8	9	7	4	5	2	3

Puzzle # 45

2	8	6	7	4	5	9	3	1
7	1	9	2	6	3	8	4	5
4	5	3	1	8	9	6	2	7
9	7	8	3	5	2	1	6	4
5	6	2	4	1	8	3	7	9
1	3	4	9	7	6	2	5	8
6	9	1	5	2	4	7	8	3
8	4	7	6	3	1	5	9	2
3	2	5	8	9	7	4	1	6

Puzzle # 46

2	6	8	9	4	5	7	1	3
5	9	4	7	1	3	8	6	2
3	7	1	6	2	8	4	5	9
7	4	9	2	5	1	3	8	6
1	3	6	4	8	9	5	2	7
8	5	2	3	6	7	9	4	1
9	1	5	8	7	6	2	3	4
4	8	3	1	9	2	6	7	5
6	2	7	5	3	4	1	9	8

Puzzle # 47

3	4	1	5	2	9	8	6	7
8	7	6	4	1	3	2	5	9
5	2	9	6	7	8	3	1	4
7	9	4	2	8	1	6	3	5
1	6	3	7	9	5	4	8	2
2	5	8	3	4	6	9	7	1
6	8	7	9	5	2	1	4	3
4	3	2	1	6	7	5	9	8
9	1	5	8	3	4	7	2	6

Puzzle # 48

4	5	7	2	6	8	9	1	3
2	8	1	9	3	5	7	4	6
6	3	9	4	7	1	5	8	2
1	7	8	3	9	4	2	6	5
5	6	3	1	2	7	4	9	8
9	2	4	5	8	6	1	3	7
7	1	2	6	4	3	8	5	9
3	9	5	8	1	2	6	7	4
8	4	6	7	5	9	3	2	1

Puzzle # 49

8	2	9	3	4	5	1	6	7
3	1	6	2	9	7	4	5	8
5	4	7	1	6	8	3	9	2
7	8	1	6	3	9	2	4	5
6	3	5	8	2	4	7	1	9
2	9	4	5	7	1	6	8	3
9	6	8	7	1	3	5	2	4
4	7	2	9	5	6	8	3	1
1	5	3	4	8	2	9	7	6

Puzzle # 50

9	8	2	3	7	1	4	5	6
4	3	5	6	8	9	1	2	7
6	7	1	4	2	5	3	9	8
8	5	4	7	9	2	6	1	3
7	2	6	1	3	4	9	8	5
1	9	3	8	5	6	2	7	4
3	1	8	9	6	7	5	4	2
2	6	9	5	4	8	7	3	1
5	4	7	2	1	3	8	6	9

Puzzle # 51

1	5	3	2	7	9	8	6	4
4	8	9	5	1	6	2	3	7
2	6	7	3	8	4	9	1	5
5	4	1	6	3	8	7	9	2
7	3	6	9	2	5	1	4	8
9	2	8	7	4	1	3	5	6
8	9	4	1	6	2	5	7	3
3	1	2	4	5	7	6	8	9
6	7	5	8	9	3	4	2	1

Puzzle # 52

9	4	8	6	1	2	5	7	3
1	2	5	4	3	7	9	6	8
3	6	7	8	9	5	1	2	4
8	9	3	5	7	6	2	4	1
6	5	4	1	2	8	7	3	9
7	1	2	3	4	9	6	8	5
4	8	9	7	6	1	3	5	2
2	3	6	9	5	4	8	1	7
5	7	1	2	8	3	4	9	6

Puzzle # 53

2	8	9	7	5	3	4	1	6
4	7	3	6	1	9	5	2	8
6	1	5	8	2	4	3	9	7
9	4	2	5	8	6	7	3	1
7	6	1	4	3	2	9	8	5
5	3	8	1	9	7	2	6	4
8	2	4	3	7	1	6	5	9
3	5	6	9	4	8	1	7	2
1	9	7	2	6	5	8	4	3

Puzzle # 54

1	5	4	2	3	9	6	8	7
9	2	6	7	8	5	4	1	3
3	7	8	4	6	1	2	5	9
2	4	7	3	1	8	5	9	6
6	8	3	9	5	2	7	4	1
5	1	9	6	4	7	8	3	2
4	3	1	8	7	6	9	2	5
8	6	2	5	9	3	1	7	4
7	9	5	1	2	4	3	6	8

Puzzle # 55

4	2	1	8	9	6	7	5	3
3	6	9	7	2	5	8	1	4
5	8	7	4	1	3	9	6	2
7	9	4	2	5	1	3	8	6
6	5	8	9	3	4	1	2	7
2	1	3	6	7	8	5	4	9
1	7	6	5	4	9	2	3	8
9	4	5	3	8	2	6	7	1
8	3	2	1	6	7	4	9	5

Puzzle # 56

1	5	2	7	9	4	8	3	6
6	9	8	1	3	2	4	7	5
3	7	4	6	5	8	9	2	1
4	6	1	3	7	9	5	8	2
9	3	7	8	2	5	6	1	4
8	2	5	4	6	1	7	9	3
7	1	9	2	4	6	3	5	8
5	8	6	9	1	3	2	4	7
2	4	3	5	8	7	1	6	9

Puzzle # 57

1	8	4	5	7	3	9	6	2
2	6	3	1	4	9	8	7	5
9	7	5	6	2	8	4	3	1
4	5	7	8	3	1	6	2	9
6	1	2	4	9	7	5	8	3
3	9	8	2	6	5	1	4	7
5	3	6	7	1	4	2	9	8
7	4	1	9	8	2	3	5	6
8	2	9	3	5	6	7	1	4

Puzzle # 58

1	3	2	9	8	4	7	6	5
4	8	7	5	2	6	1	3	9
5	6	9	7	3	1	8	4	2
8	7	5	4	9	3	2	1	6
3	9	4	1	6	2	5	7	8
6	2	1	8	5	7	3	9	4
9	4	8	3	7	5	6	2	1
2	5	3	6	1	9	4	8	7
7	1	6	2	4	8	9	5	3

Puzzle # 59

4	5	2	9	8	6	7	1	3
7	3	6	1	5	4	8	9	2
9	1	8	2	3	7	4	6	5
5	8	9	3	2	1	6	4	7
2	6	4	5	7	8	9	3	1
1	7	3	6	4	9	2	5	8
8	4	5	7	6	3	1	2	9
3	9	7	4	1	2	5	8	6
6	2	1	8	9	5	3	7	4

Puzzle # 60

1	9	8	7	6	4	2	3	5
4	7	5	3	8	2	9	6	1
3	6	2	1	5	9	8	4	7
5	3	7	2	4	1	6	9	8
8	1	4	6	9	5	3	7	2
9	2	6	8	7	3	5	1	4
2	4	1	5	3	6	7	8	9
6	8	9	4	2	7	1	5	3
7	5	3	9	1	8	4	2	6

Puzzle # 61

8	4	5	1	2	6	3	7	9
1	6	7	3	4	9	8	5	2
3	9	2	7	5	8	6	4	1
9	7	4	5	8	1	2	6	3
2	3	8	6	9	7	5	1	4
6	5	1	4	3	2	9	8	7
5	2	3	8	7	4	1	9	6
4	8	6	9	1	3	7	2	5
7	1	9	2	6	5	4	3	8

Puzzle # 62

2	4	3	6	9	5	7	1	8
9	1	7	4	2	8	5	6	3
5	6	8	1	7	3	9	2	4
7	9	6	5	1	4	8	3	2
4	3	5	8	6	2	1	7	9
8	2	1	7	3	9	4	5	6
6	5	9	3	4	7	2	8	1
1	8	2	9	5	6	3	4	7
3	7	4	2	8	1	6	9	5

Puzzle # 63

3	6	1	5	9	7	4	8	2
7	5	4	8	6	2	1	3	9
2	8	9	4	1	3	6	5	7
4	3	5	9	7	8	2	1	6
1	7	6	3	2	4	8	9	5
9	2	8	6	5	1	7	4	3
6	1	3	7	8	9	5	2	4
8	9	7	2	4	5	3	6	1
5	4	2	1	3	6	9	7	8

Puzzle # 64

3	7	4	1	2	5	9	6	8
5	9	2	6	7	8	1	4	3
1	8	6	9	3	4	7	5	2
2	5	8	4	9	1	6	3	7
4	6	3	7	8	2	5	9	1
9	1	7	3	5	6	8	2	4
7	4	5	2	1	9	3	8	6
8	2	1	5	6	3	4	7	9
6	3	9	8	4	7	2	1	5

Puzzle # 65

7	5	3	6	9	4	2	8	1
4	6	9	1	8	2	7	5	3
8	1	2	3	5	7	4	9	6
5	8	1	2	4	6	3	7	9
3	9	7	5	1	8	6	4	2
2	4	6	9	7	3	5	1	8
1	2	5	4	6	9	8	3	7
9	3	8	7	2	5	1	6	4
6	7	4	8	3	1	9	2	5

Puzzle # 66

6	9	4	7	2	8	1	5	3
8	1	2	3	9	5	6	4	7
5	7	3	4	6	1	2	8	9
7	2	9	8	5	4	3	1	6
3	8	6	1	7	2	4	9	5
4	5	1	6	3	9	8	7	2
2	6	8	9	4	7	5	3	1
9	4	5	2	1	3	7	6	8
1	3	7	5	8	6	9	2	4

Puzzle # 67

8	6	4	7	9	3	2	5	1
2	7	9	5	8	1	6	3	4
3	1	5	4	2	6	9	8	7
7	4	3	1	5	9	8	2	6
1	5	8	2	6	4	3	7	9
6	9	2	3	7	8	4	1	5
4	3	6	8	1	5	7	9	2
5	8	7	9	4	2	1	6	3
9	2	1	6	3	7	5	4	8

Puzzle # 68

9	1	6	2	5	3	4	8	7
7	2	8	9	4	6	1	5	3
4	5	3	8	7	1	6	9	2
2	6	4	1	9	8	3	7	5
1	7	9	4	3	5	8	2	6
3	8	5	7	6	2	9	4	1
5	3	2	6	8	4	7	1	9
8	9	1	3	2	7	5	6	4
6	4	7	5	1	9	2	3	8

Puzzle # 69

9	2	6	8	3	1	4	5	7
5	8	1	4	7	9	2	6	3
3	7	4	2	5	6	9	1	8
4	5	2	1	8	7	3	9	6
1	3	7	9	6	2	8	4	5
8	6	9	3	4	5	1	7	2
6	1	3	7	2	4	5	8	9
7	4	8	5	9	3	6	2	1
2	9	5	6	1	8	7	3	4

Puzzle # 70

7	8	6	5	4	3	9	1	2
5	3	4	9	2	1	6	8	7
9	1	2	6	8	7	3	4	5
3	4	9	2	7	6	1	5	8
2	5	1	4	3	8	7	6	9
6	7	8	1	9	5	2	3	4
8	9	5	3	6	2	4	7	1
4	6	7	8	1	9	5	2	3
1	2	3	7	5	4	8	9	6

Puzzle # 71

1	7	6	4	3	8	2	5	9
9	2	5	7	6	1	4	3	8
4	8	3	5	2	9	7	1	6
3	6	4	1	7	5	8	9	2
8	5	7	3	9	2	1	6	4
2	1	9	6	8	4	5	7	3
5	3	8	2	1	6	9	4	7
7	4	2	9	5	3	6	8	1
6	9	1	8	4	7	3	2	5

Puzzle # 72

9	2	1	4	8	7	6	5	3
7	8	5	3	2	6	1	9	4
3	4	6	9	5	1	8	2	7
4	5	8	7	3	9	2	1	6
6	3	9	8	1	2	7	4	5
2	1	7	5	6	4	3	8	9
5	9	2	6	7	8	4	3	1
1	6	4	2	9	3	5	7	8
8	7	3	1	4	5	9	6	2

Puzzle # 73

9	3	8	2	4	6	7	1	5
4	7	2	8	1	5	6	3	9
5	6	1	9	3	7	2	4	8
7	1	9	4	5	2	3	8	6
8	4	6	3	7	9	5	2	1
2	5	3	6	8	1	9	7	4
6	8	4	7	9	3	1	5	2
1	2	7	5	6	4	8	9	3
3	9	5	1	2	8	4	6	7

Puzzle # 74

1	8	4	6	7	9	3	5	2
5	2	3	1	8	4	6	7	9
7	9	6	5	3	2	8	4	1
9	4	8	3	5	1	2	6	7
3	5	7	2	9	6	1	8	4
2	6	1	7	4	8	9	3	5
6	1	5	8	2	7	4	9	3
8	7	9	4	1	3	5	2	6
4	3	2	9	6	5	7	1	8

Puzzle # 75

1	5	2	4	6	9	7	3	8
7	8	4	2	3	5	6	1	9
3	6	9	1	7	8	5	4	2
8	1	7	6	9	3	2	5	4
6	2	5	7	1	4	9	8	3
4	9	3	8	5	2	1	6	7
9	4	1	3	2	6	8	7	5
2	3	6	5	8	7	4	9	1
5	7	8	9	4	1	3	2	6

Puzzle # 76

8	6	3	1	5	4	7	9	2
9	5	2	7	8	6	3	4	1
1	4	7	3	2	9	5	8	6
7	8	6	5	9	1	4	2	3
5	2	1	8	4	3	9	6	7
4	3	9	6	7	2	8	1	5
2	1	4	9	3	7	6	5	8
3	9	5	2	6	8	1	7	4
6	7	8	4	1	5	2	3	9

Puzzle # 77

3	2	4	5	9	6	7	8	1
6	1	5	8	7	2	3	9	4
8	9	7	4	3	1	2	6	5
9	5	2	7	6	8	1	4	3
1	3	6	2	5	4	9	7	8
4	7	8	3	1	9	6	5	2
5	4	9	6	2	3	8	1	7
2	8	1	9	4	7	5	3	6
7	6	3	1	8	5	4	2	9

Puzzle # 78

4	3	2	9	1	5	8	7	6
5	6	7	4	8	2	3	1	9
1	8	9	6	7	3	5	2	4
8	5	3	7	9	4	2	6	1
9	4	6	1	2	8	7	5	3
7	2	1	5	3	6	9	4	8
2	1	5	8	6	9	4	3	7
6	9	4	3	5	7	1	8	2
3	7	8	2	4	1	6	9	5

Puzzle # 79

3	4	8	2	9	1	6	5	7
1	9	5	7	6	3	4	8	2
7	6	2	8	5	4	9	3	1
4	8	3	9	7	6	1	2	5
2	5	7	4	1	8	3	6	9
9	1	6	5	3	2	8	7	4
5	7	4	3	8	9	2	1	6
6	3	9	1	2	5	7	4	8
8	2	1	6	4	7	5	9	3

Puzzle # 80

2	7	9	1	5	3	4	6	8
1	4	3	6	9	8	2	5	7
6	5	8	2	7	4	3	9	1
7	6	5	8	3	2	1	4	9
9	3	1	4	6	5	7	8	2
8	2	4	9	1	7	6	3	5
4	9	2	3	8	1	5	7	6
5	1	6	7	4	9	8	2	3
3	8	7	5	2	6	9	1	4

Puzzle # 81

3	4	1	9	7	8	5	6	2
8	6	9	5	2	3	4	1	7
5	2	7	1	4	6	8	9	3
6	9	8	7	5	2	1	3	4
1	5	4	6	3	9	7	2	8
2	7	3	8	1	4	6	5	9
7	1	2	4	9	5	3	8	6
4	3	6	2	8	1	9	7	5
9	8	5	3	6	7	2	4	1

Puzzle # 82

3	7	8	9	1	2	6	4	5
5	1	2	4	3	6	8	7	9
6	4	9	8	7	5	1	2	3
4	5	6	1	8	3	2	9	7
2	8	1	7	5	9	3	6	4
7	9	3	2	6	4	5	8	1
9	2	5	6	4	1	7	3	8
8	3	4	5	2	7	9	1	6
1	6	7	3	9	8	4	5	2

Puzzle # 83

5	8	3	6	9	1	7	2	4
7	1	6	8	2	4	3	5	9
9	4	2	5	7	3	6	1	8
6	2	7	4	8	9	1	3	5
3	9	8	7	1	5	4	6	2
4	5	1	3	6	2	8	9	7
2	7	5	1	3	8	9	4	6
8	3	9	2	4	6	5	7	1
1	6	4	9	5	7	2	8	3

Puzzle # 84

2	6	7	4	9	8	3	5	1
8	5	1	3	7	2	4	6	9
3	9	4	6	1	5	7	2	8
4	7	8	5	2	6	9	1	3
1	2	9	7	8	3	6	4	5
5	3	6	1	4	9	2	8	7
7	8	2	9	6	1	5	3	4
6	4	3	8	5	7	1	9	2
9	1	5	2	3	4	8	7	6

Puzzle # 85

3	2	4	7	6	9	5	8	1
1	9	6	8	5	2	4	3	7
8	5	7	4	3	1	2	9	6
6	1	5	2	9	3	7	4	8
4	7	2	1	8	6	3	5	9
9	8	3	5	7	4	1	6	2
2	6	1	3	4	8	9	7	5
5	4	9	6	2	7	8	1	3
7	3	8	9	1	5	6	2	4

Puzzle # 86

3	2	4	8	6	5	9	7	1
8	9	5	7	3	1	4	6	2
1	6	7	2	4	9	5	3	8
6	3	8	9	1	4	7	2	5
2	7	9	5	8	3	6	1	4
4	5	1	6	2	7	8	9	3
7	4	3	1	9	8	2	5	6
9	1	2	4	5	6	3	8	7
5	8	6	3	7	2	1	4	9

Puzzle # 87

1	4	9	2	7	3	6	5	8
6	8	5	9	4	1	2	7	3
7	3	2	5	8	6	1	9	4
2	5	8	1	6	9	3	4	7
3	7	1	8	2	4	9	6	5
9	6	4	7	3	5	8	1	2
8	9	7	4	1	2	5	3	6
4	1	3	6	5	8	7	2	9
5	2	6	3	9	7	4	8	1

Puzzle # 88

2	5	3	6	7	4	1	8	9
1	6	4	9	3	8	5	2	7
8	7	9	2	1	5	6	4	3
7	3	1	5	8	9	2	6	4
9	2	5	4	6	1	7	3	8
6	4	8	3	2	7	9	5	1
4	1	6	7	5	3	8	9	2
3	8	2	1	9	6	4	7	5
5	9	7	8	4	2	3	1	6

Puzzle # 89

8	1	6	9	3	2	5	7	4
9	7	3	8	5	4	1	6	2
2	5	4	6	1	7	9	8	3
1	3	9	5	4	6	8	2	7
5	4	8	7	2	3	6	9	1
6	2	7	1	9	8	3	4	5
3	8	5	4	7	9	2	1	6
7	6	2	3	8	1	4	5	9
4	9	1	2	6	5	7	3	8

Puzzle # 90

9	2	1	6	3	5	4	8	7
7	8	5	9	1	4	3	2	6
6	3	4	7	2	8	1	5	9
2	9	6	4	8	7	5	3	1
5	4	3	1	6	9	8	7	2
1	7	8	2	5	3	9	6	4
3	1	9	8	7	2	6	4	5
8	6	7	5	4	1	2	9	3
4	5	2	3	9	6	7	1	8

Puzzle # 91

5	3	7	1	6	4	8	2	9
4	1	8	7	2	9	5	3	6
6	9	2	5	8	3	4	7	1
2	6	3	4	1	5	7	9	8
8	7	4	2	9	6	1	5	3
1	5	9	8	3	7	6	4	2
7	2	1	9	5	8	3	6	4
9	4	6	3	7	1	2	8	5
3	8	5	6	4	2	9	1	7

Puzzle # 92

4	3	9	5	7	1	2	8	6
5	6	2	9	3	8	1	4	7
8	1	7	2	6	4	9	3	5
7	5	3	6	4	2	8	9	1
1	9	6	7	8	3	5	2	4
2	8	4	1	5	9	7	6	3
6	4	5	8	9	7	3	1	2
9	7	1	3	2	6	4	5	8
3	2	8	4	1	5	6	7	9

Puzzle # 93

8	7	3	9	6	5	2	1	4
1	9	4	7	3	2	8	6	5
2	5	6	1	8	4	3	7	9
4	2	7	5	9	1	6	8	3
5	8	9	3	2	6	7	4	1
6	3	1	4	7	8	9	5	2
3	4	8	2	5	7	1	9	6
9	6	5	8	1	3	4	2	7
7	1	2	6	4	9	5	3	8

Puzzle # 94

1	4	6	9	3	8	2	7	5
7	8	9	5	1	2	6	4	3
3	5	2	4	6	7	9	8	1
2	6	7	1	9	3	4	5	8
8	9	3	2	4	5	1	6	7
5	1	4	7	8	6	3	9	2
9	3	5	8	2	4	7	1	6
4	2	8	6	7	1	5	3	9
6	7	1	3	5	9	8	2	4

Puzzle # 95

2	8	3	6	9	4	7	1	5
6	1	9	8	5	7	2	3	4
4	5	7	1	2	3	9	6	8
3	4	1	9	8	6	5	2	7
9	2	5	4	7	1	6	8	3
7	6	8	2	3	5	1	4	9
5	9	6	3	4	2	8	7	1
8	3	2	7	1	9	4	5	6
1	7	4	5	6	8	3	9	2

Puzzle # 96

7	8	2	6	1	9	4	3	5
9	1	5	3	4	2	7	8	6
3	4	6	7	5	8	9	1	2
8	7	3	5	2	4	1	6	9
2	9	4	8	6	1	5	7	3
6	5	1	9	3	7	2	4	8
4	3	9	2	7	6	8	5	1
5	2	7	1	8	3	6	9	4
1	6	8	4	9	5	3	2	7

Puzzle # 97

4	9	1	8	7	3	2	6	5
2	6	7	4	5	9	3	1	8
8	3	5	2	6	1	7	4	9
3	1	4	9	2	7	8	5	6
6	5	2	3	1	8	4	9	7
7	8	9	6	4	5	1	2	3
5	7	6	1	3	2	9	8	4
1	4	8	7	9	6	5	3	2
9	2	3	5	8	4	6	7	1

Puzzle # 98

1	3	7	9	2	4	6	8	5
8	5	6	3	1	7	2	4	9
9	4	2	5	8	6	7	1	3
2	9	4	8	6	5	3	7	1
6	8	3	7	9	1	5	2	4
5	7	1	2	4	3	9	6	8
4	2	8	6	5	9	1	3	7
3	1	5	4	7	2	8	9	6
7	6	9	1	3	8	4	5	2

Puzzle # 99

6	4	2	5	8	9	1	7	3
9	7	3	2	4	1	5	6	8
1	5	8	7	6	3	4	2	9
4	2	1	6	9	7	8	3	5
7	3	9	8	5	2	6	4	1
5	8	6	3	1	4	7	9	2
8	1	4	9	2	6	3	5	7
3	9	5	4	7	8	2	1	6
2	6	7	1	3	5	9	8	4

Puzzle # 100

5	4	1	6	7	8	2	9	3
8	3	9	5	2	1	6	7	4
7	2	6	9	4	3	1	8	5
1	7	8	2	5	6	3	4	9
2	9	5	7	3	4	8	1	6
3	6	4	8	1	9	7	5	2
6	5	3	4	8	7	9	2	1
4	1	7	3	9	2	5	6	8
9	8	2	1	6	5	4	3	7

www.ingramcontent.com/pod-product-compliance
Lightning Source LLC
Chambersburg PA
CBHW080548220526
45466CB00010B/3074